PENGUIN'S FAMILY
LA FAMILIA DEL PINGÜINO

SMITHSONIAN OCEANIC COLLECTION

BILINGUAL EDITION

Book design: Shields & Partners, Westport, CT
Book layout: Bettina M. Wilhelm
Editor: Laura Gates Galvin
Abridgement Editor: Tracee Williams

First Bilingual Edition 2008
10 9 8 7 6 5 4 3 2 1
Printed in Indonesia

Acknowledgments:
    Our very special thanks to Dr. Gary R. Graves of the Division of Vertebrate Zoology at the Smithsonian Institution's National Museum of Natural History for his curatorial review.
    Soundprints would also like to thank Ellen Nanney and Katie Mann at the Smithsonian Institution's Office of Product Development and Licensing for their help in the creation of this book.

Diseño: Shields & Partners, Westport, CT
Composición: Bettina M. Wilhelm
Editora: Laura Gates Galvin
Editora de la versión abreviada: Tracee Williams

Primera edición bilingüe 2008
10 9 8 7 6 5 4 3 2 1
Impreso en Indonesia

Agradecimientos:
    Nuestro agradecimiento especial al Dr. Gary R. Graves, de la División de Zoología de los Vertebrados del Museo de Historia Natural de la Smithsonian Institution, por su asesoramiento en la curaduría.
    Soundprints desea también expresar su agradecimiento a Ellen Nanney, de la Oficina de Desarrollo de Productos y Licencias de la *Smithsonian Institution*, por su ayuda en la creación de este libro.

PENGUIN'S FAMILY
LA FAMILIA DEL PINGÜINO

por Kathleen M. Hollenbeck   Ilustrado por Daniel J. Stegos

It is early morning on the west coast of Peru. A male penguin peers out over the sea and then waddles quickly to a small cave. Inside, he sits gently on an egg resting there.

En la costa oeste de Perú está saliendo el sol. Un pingüino macho contempla el mar y después camina de prisa balanceándose hacia una pequeña cueva. Ya dentro, se sienta cuidadosamente sobre un huevo.

For a month, the penguin and his partner have taken turns sitting on the egg to keep it warm. He hears a faint tapping sound. It is time for the egg to hatch.

Durante un mes, el pingüino y su pareja se han turnado para sentarse sobre el huevo y darle calor. El pingüino escucha un débil repiqueteo. Ha llegado el momento en que el polluelo va a romper el cascarón.

Hours pass, and the tapping continues. By late morning, a small, pointed beak pokes a tiny hole in the eggshell. A small bird emerges and he peeps. Father Penguin moves close to warm the wet and hungry Baby Penguin.

Las horas pasan y el repiqueteo continúa. Ya entrada la mañana, un pequeño y agudo pico abre un agujerito en el cascarón. Finalmente, una diminuta avecilla sale de su interior y comienza a piar. Papá Pingüino se acerca para calentar al bebé, que está mojado y hambriento.

9

Baby Penguin's downy feathers dry quickly in the warmth of Father Penguin's body. Mother Penguin feeds Baby Penguin mushed anchovies and other tiny fish. Then Mother Penguin and Father Penguin preen Baby Penguin, using their beaks to clean and arrange his downy feathers.

Las suaves plumas de Bebé Pingüino se secan rápidamente al calor del cuerpo de su papá. Mamá Pingüino alimenta a Bebé Pingüino con anchoas aplastadas y otros pequeños peces. Mamá y Papá Pingüino limpian y arreglan el plumón del bebé con sus picos.

For the next four weeks, Mother Penguin and Father Penguin take turns caring for Baby Penguin and finding food.

Durante las próximas cuatro semanas, Mamá y Papá Pingüino se turnan para cuidar a Bebé Pingüino y buscar alimento.

One morning, a hungry giant fulmar circles overhead and dives from the sky without warning, aiming straight for Baby Penguin! Quickly, Father Penguin stands in the fulmar's way. Father Penguin herds Baby Penguin into a cave of rocks so the giant bird cannot reach them. Screeching, she flies away.

Una mañana, un inmenso y hambriento fulmar vuela en círculos sobre ellos y se lanza en picada si previo aviso, ¡arremetiendo directamente contra Bebé Pingüino! Al instante, Papá Pingüino se interpone en su camino y lleva al bebé a una gruta de rocas para que el gigantesco pájaro no pueda alcanzarlos. El fulmar lanza un graznido y se aleja volando.

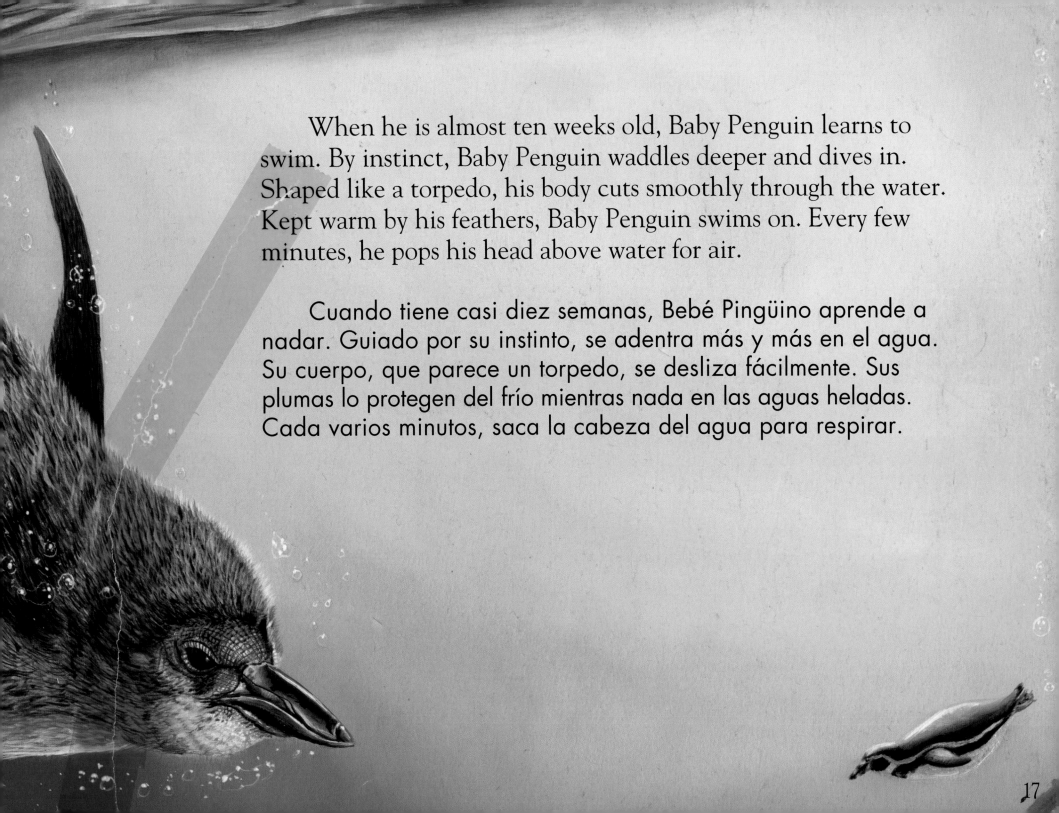

When he is almost ten weeks old, Baby Penguin learns to swim. By instinct, Baby Penguin waddles deeper and dives in. Shaped like a torpedo, his body cuts smoothly through the water. Kept warm by his feathers, Baby Penguin swims on. Every few minutes, he pops his head above water for air.

Cuando tiene casi diez semanas, Bebé Pingüino aprende a nadar. Guiado por su instinto, se adentra más y más en el agua. Su cuerpo, que parece un torpedo, se desliza fácilmente. Sus plumas lo protegen del frío mientras nada en las aguas heladas. Cada varios minutos, saca la cabeza del agua para respirar.

17

One day, Baby Penguin sets off to swim alone. Father Penguin and Mother Penguin will not go with him this time. Baby Penguin is on his own to look for food.

Un día, Bebé Pingüino se aventura a nadar solo. Papá y Mamá Pingüino no lo acompañarán en esta ocasión. Bebé Pingüino ahora va a buscar su propia comida.

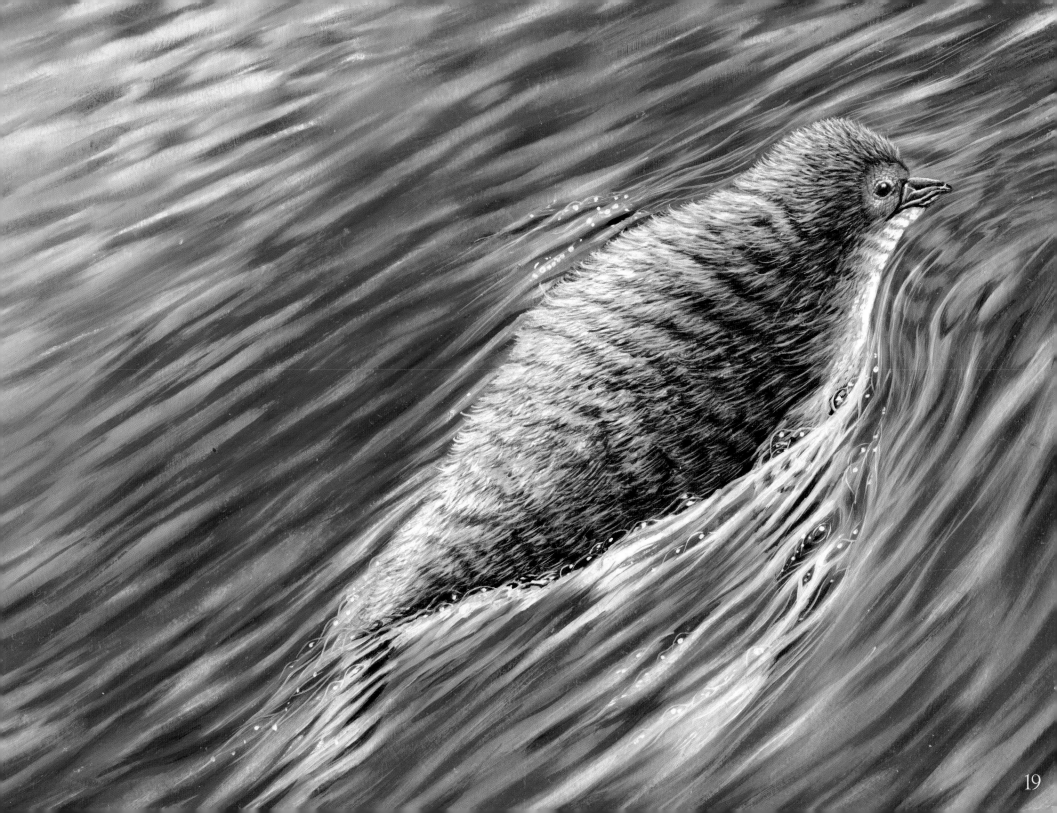

Baby Penguin dives below the surface, hunting for small fish. He sees a school of fish overhead. The fish cannot see Baby Penguin because his black feathers blend in with the dark ocean water. Baby Penguin knows he must separate the fish. Then he can catch them one by one.

Bebé Pingüino nada bajo la superficie en busca de peces pequeños. De pronto, ve un banco de peces encima de él. Los peces no pueden ver a Bebé Pingüino porque sus plumas negras se confunden con las oscuras aguas del océano. Bebé Pingüino sabe que debe separar a los peces para poderlos cazar uno a uno.

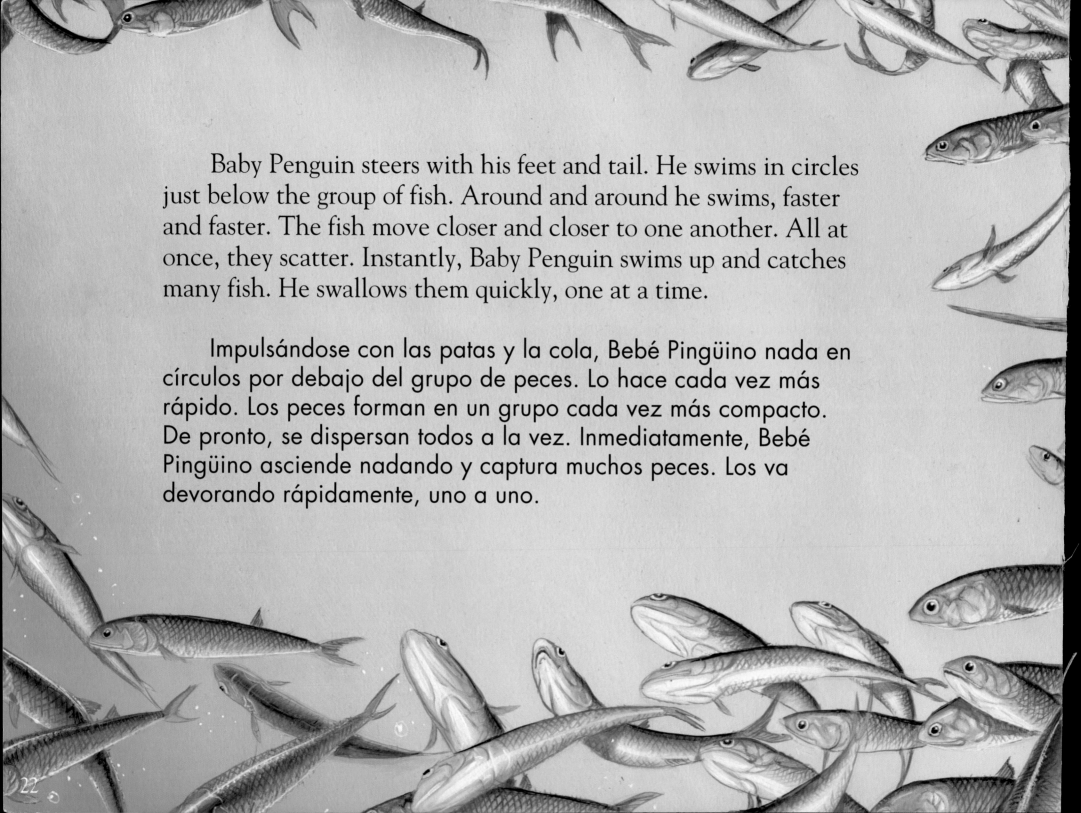

Baby Penguin steers with his feet and tail. He swims in circles just below the group of fish. Around and around he swims, faster and faster. The fish move closer and closer to one another. All at once, they scatter. Instantly, Baby Penguin swims up and catches many fish. He swallows them quickly, one at a time.

Impulsándose con las patas y la cola, Bebé Pingüino nada en círculos por debajo del grupo de peces. Lo hace cada vez más rápido. Los peces forman en un grupo cada vez más compacto. De pronto, se dispersan todos a la vez. Inmediatamente, Bebé Pingüino asciende nadando y captura muchos peces. Los va devorando rápidamente, uno a uno.

With a full stomach, Baby Penguin swims more slowly than usual. He grows tired and almost stops moving.

Baby Penguin turns to swim back to land. Suddenly, he senses danger in the water! A sea lion swims nearby. Baby Penguin's heart beats fast. He races toward the safety of the shore.

Con la barriga llena, Bebé Pingüino nada lentamente. Se siente cansado y casi no se mueve.

Bebé Pingüino comienza a nadar de regreso hacia la costa. De pronto, siente el peligro. Un león marino nada muy cerca de él. El corazón de Bebé Pingüino parece saltarle del pecho. Se apresura para llegar a la orilla y ponerse a salvo.

The hungry sea lion lunges at Baby Penguin. Just then,
a mighty wave rises, tossing the sea lion aside and carrying
Baby Penguin to safety.

El hambriento león marino se abalanza sobre Bebé
Pingüino. En ese preciso instante, una inmensa ola se levanta,
apartando al león marino y arrastrando a Bebé Pingüino
hasta la orilla.

Baby Penguin lies at the water's edge. Then he stands and calls out. His voice sounds low and squeaky, like the bray of a donkey. Mother Penguin and Father Penguin see Baby Penguin and hear his call. They know he is their own.

Bebé Pingüino descansa en la costa. Luego, se levanta y comienza a graznar con sonidos graves y chillones, como el rebuzno de un asno. Mamá y Papá Pingüino ven a Bebé Pingüino y lo escuchan llamar. Lo reconocen enseguida.

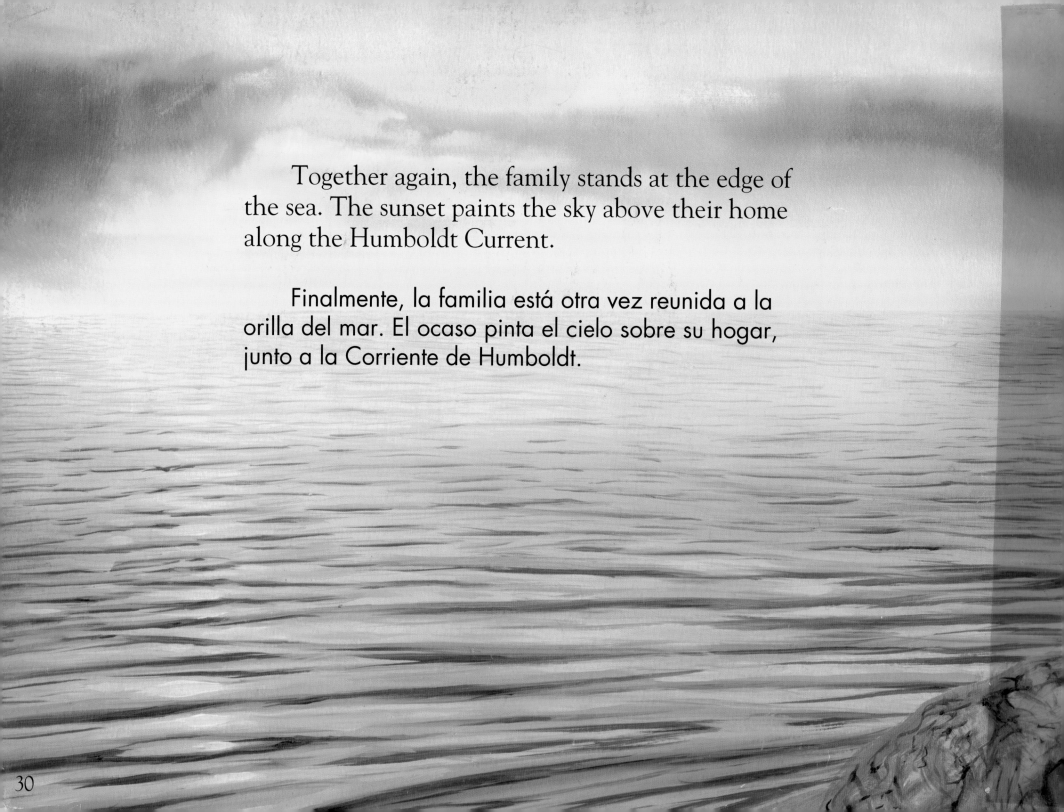

Together again, the family stands at the edge of the sea. The sunset paints the sky above their home along the Humboldt Current.

Finalmente, la familia está otra vez reunida a la orilla del mar. El ocaso pinta el cielo sobre su hogar, junto a la Corriente de Humboldt.

About the Humboldt Penguin

Humboldt penguins live along the Humboldt Current, a flow of cold water that runs north along the western coast of South America, off of Chile and Peru. Humboldt penguins are an endangered species of waterfowl. There are about 6,000 pairs worldwide.

Humboldt penguins nest in large colonies and mate for life. Each pair lays one to two eggs (usually two) a year. Humboldt penguins are known for speed and agility under water. Their bodies secrete oil that covers their feathers, insulating body warmth and repelling water.

Glossary

downy: Soft and fluffy.

torpedo: An underwater missile that moves swiftly and smoothly.

Points of Interest in this Book

pp. 6-7: tending an egg.
pp. 8-9: penguin hatching from its egg.
pp. 10-11: parents feed and preen newborn chick.
pp. 14-15: giant fulmar.
pp. 20-21: school of fish.
pp. 24-25: sea lion.

Sobre el pingüino de Humboldt

Los pingüinos de Humboldt viven en las costas que baña la Corriente de Humboldt, una corriente de aguas frías que fluye hacia el norte bañando las costas de Chile y Perú, en la zona occidental de América del Sur. Los pingüinos de Humboldt son una especie de ave marina en peligro de extinción. Quedan unas 6,000 parejas en todo el mundo.

Los pingüinos de Humboldt anidan en grandes colonias y forman parejas para toda la vida. Cada pareja incuba uno o dos huevos (generalmente dos) cada año. Los pingüinos de Humboldt son famosos por su velocidad y agilidad bajo el agua. Sus cuerpos secretan un aceite que cubre sus plumas y los ayuda a conservar el calor y a repeler el agua.

Glosario

plumón: Pluma suave y fina.

torpedo: Misil submarino que se mueve rápida y fácilmente.

Detalles de interés

págs. 6-7: cuidado de los huevos
págs. 8-9: el pingüino rompe el cascarón
págs. 10-11: los padres alimentan y limpian al polluelo recién nacido
págs. 14-15: el fulmar gigante
págs. 20-21: banco de peces
págs. 24-25: el león marino